AF494447

7 Février 1912

marqué P

VENTE
Du Mercredi 7 Février 1912
HOTEL DROUOT, SALLE N° 1
A DEUX HEURES

EXPOSITION PUBLIQUE
Le Mardi 6 Février 1912
De 2 heures à 6 heures

FAIENCES ET PORCELAINES
ANCIENNES
MEUBLES, ÉTOFFES
BRONZES — ARMES
ANCIENS

COMMISSAIRE-PRISEUR	EXPERT
Me ANDRÉ DESVOUGES	**M. ÉDOUARD PAPE**
Successeur de M. Maurice DELESTRE	rue du Faubourg-Saint-Honoré, 174
26, rue de la Grange-Batelière, 26	

PARIS

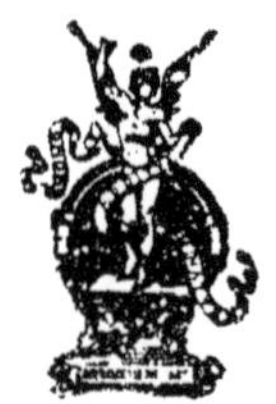

CATALOGUE

DES

Porcelaines & Faïences

ANCIENNES

De Delft, Rouen, Strasbourg, Sceaux, Marseille, Moustiers
Alcora, Nevers, Rhodes, Faenza, Gublio, Chine, Sèvres, Paris, Mennecy
Chantilly, Saxe, etc.

MEUBLES ANCIENS

Étoffes Anciennes

BRONZES ANCIENS

ARMES ANCIENNES

Dont la Vente aux Enchères publiques aura lieu

HOTEL DROUOT, SALLE N° 1

LE MERCREDI 7 FÉVRIER 1912

A DEUX HEURES

COMMISSAIRE-PRISEUR	EXPERT
Me ANDRÉ DESVOUGES	**M. ÉDOUARD PAPE**
Successeur de M. Maurice DELESTRE	rue du Faubourg-Saint-Honoré, 174
26, rue de la Grange-Batelière, 26	PARIS

EXPOSITION PUBLIQUE

Le Mardi 6 Février 1912, de 2 heures à 6 heures

CONDITIONS DE LA VENTE

Elle sera faite au comptant.

Les adjudicataires paieront *dix pour cent* en sus des enchères.

L'exposition mettant le public à même de se rendre compte de l'état et de la nature des objets, aucune réclamation ne sera admise une fois l'adjudication prononcée.

Paris. — Imp. de l'Art, Ch. Berger, 41, rue de la Victoire.

Produit – f 33.500

DÉSIGNATION

FAIENCES ANCIENNES

1 — **Delft**. Petite potiche, décor camaïeu bleu de personnages et inscriptions.

2 — **Delft**. Assiette, décorée en camaïeu bleu d'un arbre fleuri.

3 — **Delft**. Assiette, décor analogue.

4 — **Delft**. Paire de potiches couvertes, décor de fleurs camaïeu bleu.

5 — **Delft**. Compotier à bords contournés présentant trois réserves à paysages. Décor camaïeu bleu.

100 6 — **Delft**. Fromagère à anses, présentant au fond un portrait de magistrat. Décor camaïeu bleu.

300 7 — **Delft**. Deux grandes bouteilles à col renflé, décorées en camaïeu bleu de sujets chinois.

Haut., 50 cent.

8 — **Delft.** Tableau formé de carreaux polychromes représentant une ferme, des personnages et des animaux.

9 — **Delft.** Tableau formé de carreaux polychromes représentant une villa prés d'une pièce d'eau.

10 — **Delft.** Assiette, décor polychrome. Sujet chinois.

11 — **Delft.** Assiette, présentant au fond une frégate, et dans le marli l'inscription : *Success to De Maria.* Décor polychrome.

12 — **Delft.** Assiette, décor polychrome de perroquet et arbustes fleuris.

13 — **Delft.** Plat, décoré au centre d'une rosace polychrome.

14 — **Delft.** Plat à décor polychrome représentant une scène biblique.

15 — **Delft.** Assiette, décor camaïeu bleu de la série des Mois représentant la Moisson. Dans un cartouche le mot : *Augustus.*

16 — **Delft.** Autre assiette, décor camaïeu bleu de la série des Mois représentant le Saignement du porc. Dans un cartouche le mot : *November.*

17 — **Rouen.** Soupière et son plateau, décor à la corne.

18 — **Rouen**. Fontaine, décorée en bleu et rouge de lambrequins et ornements divers.

19 — **Rouen**. Deux assiettes, décor polychrome présentant au centre une corbeille fleurie, un papillon et un oiseau, et au marli des lambrequins vermiculés.

20 — **Rouen.** Dessous de sucrière, à décor polychrome de cul-de-lampe et lambrequins.

21 — **Rouen**. Deux cache-pots, décor polychrome de lambrequins et guirlandes.

22 — **Rouen**. Pot-pourri et son couvercle, décor camaïeu bleu à motifs de ferronnerie.

23 — **Strasbourg.** Corbeille, décorée intérieurement de fleurs polychromes.

24 — **Strasbourg.** Assiette, à décor polychrome de bouquets de fleurs. Bord doré.

25 — **Strasbourg.** Pot et sa cuvette, décorés de bouquets de fleurs polychromes.

26 — **Strasbourg.** Compotier à bords échancrés, décoré de bouquets de fleurs polychromes.

27 — **Strasbourg**. Compotier, décor analogue.

28 — **Strasbourg.** Deux assiettes à bords ajourés, décor de fleurs polychromes.

29 — **Sceaux**. Deux jardinières de forme allongée, décorées sur les quatre faces de guirlandes de fleurs polychromes.

30 — **Sceaux**. Assiette à bords ajourés, décor polychrome de bouquets de fleurs.

31 — **Les Islettes.** Légumier, à décor polychrome de personnages turcs.

32 — **Marseille**. Saucière, décor polychrome de fleurs.

33 — **Moustiers.** Assiette, présentant au centre une armoirie double en camaïeu bleu.

34 — **Moustiers**. Assiette, décor en camaïeu bleu. Au marli, une armoirie

35 — **Moustiers.** Assiette analogue.

36 — **Midi.** Assiette, décorée au marli de petits bouquets de fleurs polychromes, et au centre d'une armoirie.

37 — **Alcora**. Petit cache-pot, décor polychrome de Chinois.

38 — **Alcora**. Huilier, à décor polychrome de lambrequins.

39 — **Nevers**. Assiette, à décor polychrome de fort et de vaisseaux.

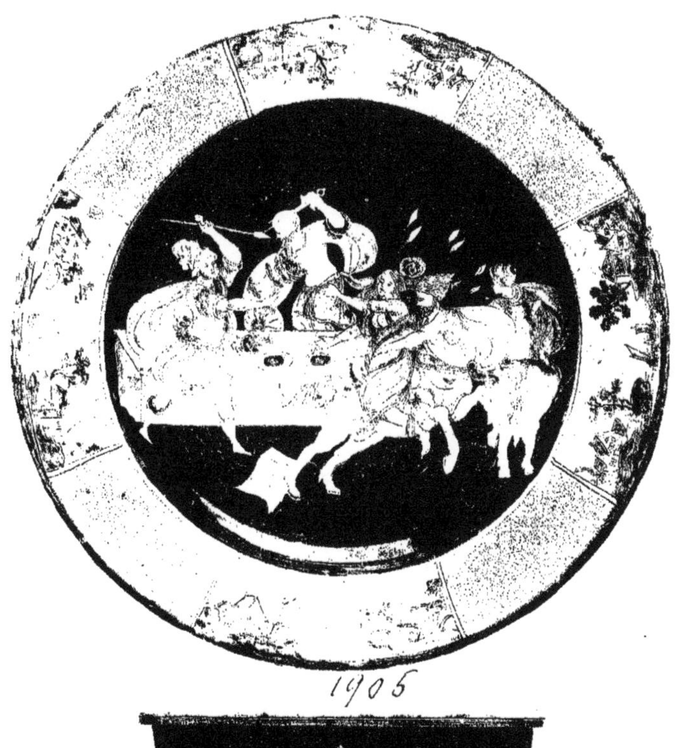

1905

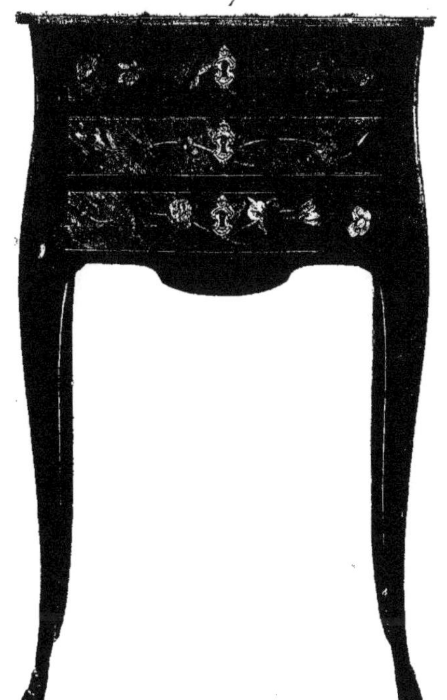

1. 610 123

40 — **Nevers**. Très grand plat, représentant un épisode du combat entre les Centaures et les Lapithes : l'Enlèvement d'Hippodamie, par Eurithe, chef des Centaures.

Les personnages se détachent en bleu sur un fond ocre qui couvre entièrement le plat.

Au marli, réserves de paysages en camaïeu bleu alternant avec des réserves pointillées.

Pièce rare.

Diam., 45 cent.

41 — **Rhodes**. Pichet, décor polychrome de vaisseaux et ornements.

42 — **Rhodes**. Pichet, décor d'ornements polychromes en forme de feuilles dans le goût oriental.

43 — **Raeren**. Grand pichet, décoré en relief de rosaces et d'ornements Renaissance.

44 — **Faenza**. Pot de pharmacie, présentant une réserve où un chien se détache sur un fond bleu. Daté : *1573*.

45 — **Gubbio**. Petite coupe à reflets métalliques, offrant au centre une réserve ornée d'un personnage armé d'un bâton. Cette réserve est entourée d'une bande décorée d'oves en relief.

PORCELAINES ANCIENNES

46 — **Chine.** Deux assiettes, décor d'oiseaux et de branchages. Époque Kang-hsi.

47 — **Chine.** Trois assiettes de forme octogonale. Bordure à fonds clathrés et à entrelacs noirs. Époque Kien-lung.

48 — **Chine.** Plat, décoré de fleurs de papillons et d'un coq. Époque Kien-lung.

49 — **Chine.** Plat, décor polychrome de fleurs et de branchages. Époque Kien-lung.

50 — **Chine.** Cinq assiettes creuses, décor de paysages. Époque Kien-lung.

51 — **Chine.** Une assiette plate, même décor.

52 — **Chine.** Soupière, à décor de personnages polychromes. Époque Kien-lung.

53 — **Chine.** Assiette, décor au faisan.

54 — **Chine.** Deux aspersoirs, décor polychrome de fleurs.

55 — **Chine.** Pot à gingembre, même décor.

56 — **Chine.** Deux plats creux, décor camaïeu bleu. XIXe siècle.

57 — **Chine.** Plat creux, présentant un arbre chargé de fruits. Époque Kang-hsi.

58 — **Chine.** Petit bol bleu et sa soucoupe, fond bleu fouetté à réserves vertes de fleurs et feuillages. Époque Kang hsi.

59 — **Chine.** Plat, décoré au centre d'un panier d'où s'échappent des fleurs polychromes et de huit réserves de fleurs. Époque Kang-hsi.

60 — **Chine.** Grand plat, décoré de personnages polychromes. Au marli, zone formée d'anneaux ajourés et entrelacés. Époque Kang-hsi.

61 — **Chine.** Plat, même décor, mais plus petit.

62 — **Chine.** Plat, même décor, d'un diamètre encore inférieur.

63 — **Indes.** Assiette, décorée au centre d'une armoirie polychrome. Au marli, guirlandes dorées.

64 — **Indes.** Assiette, décorée au marli d'attributs et au centre d'une armoirie.

65 — **Indes.** Assiette octogonale, offrant au centre une armoirie et au marli des bouquets de fleurs.

66 — **Indes.** Six assiettes, offrant la même armoirie surmontée d'une couronne comtale.

67 — **Indes.** Deux bouteilles, forme turbinée, décorées de personnages sur fond rouge.

68 — **Japon**. Deux pots à pommade, à décor polychrome de fleurs.

69 — **Japon**. Deux pots, décor analogue.

70 — **Japon**. Grande boîte à thé, décor bleu et or.

71 — **Lille**. Ecuelle et son plateau, décorés de bouquets de fleurs polychromes. Sur le couvercle, double monogramme. *Marque au dauphin en rouge.*

72 — **Locré**. Tasse et sa soucoupe, décorées d'une scène villageoise dans le goût des porcelaines de Saxe.

73 — **Locré**. Assiette, décorée au marli d'oiseaux, de guirlandes et de vases polychromes. Au centre, une rosace.

74 — **Paris**. Pot à fard, décoré de roses polychromes.

75 — **Paris**. Assiette couverte de guirlandes de fleurs polychromes et dorées. *Fabrique de la rue Thiroux.*

76 — **Paris**. Pot à pommade, décor polychrome de fleurettes.

77 — **Paris**. Pot à pommade, décor analogue.

78 — **Paris**. Tasse et sa soucoupe, décor polychrome de fleurs. *Fabrique du Comte d'Artois.*

79 — **Paris.** Petite écuelle et son plateau, décor de guirlandes et de fleurettes d'or. *Même fabrique.*

80 — **Bordeaux.** Assiette, décorée d'un semis de fleurettes. Au marli, guirlandes et médaillons dorés.

81 — **Paris.** Assiette, décorée au marli de chaînes dorées et de médaillons ornés de fleurs et d'oiseaux polychromes.

82 — **Sèvres.** Théière, sucrier et deux tasses, à décor de bouquets de fleurs. Pâte tendre.

83 — **Sèvres.** — Assiette à semis de roses polychromes. Au marli, guirlandes.

84 — **Sèvres.** Petite assiette à semis de fleurs polychromes. Hachures bleues au marli. Pâte tendre.

85 — **Sèvres.** Deux coquilles, décorées de bouquets de fleurs polychromes.

86 — **Sèvres.** Deux coquilles, décor analogue, mais gaufrées.

87 — **Sèvres.** Trois assiettes, décorées au centre d'un médaillon de fleurs polychromes et au marli d'un enroulement de volubilis. Pâte tendre.

88 — **Sèvres.** Assiette, présentant au centre et au marli une bande bleue rehaussée d'or et décorée de roses et de pensées polychromes. Pâte tendre.

89 — **Sèvres.** Assiette, décorée de guirlandes de barbeaux et d'une rose au centre. Pâte tendre.

90 — **Sèvres.** Tasse à anses et sa soucoupe fond bleu pâle, à réserves de paysages polychromes. Pâte tendre.

91 — **Sèvres.** Tasse, à décor d'attributs et soucoupe, décorée de roses. Pâte tendre.

92 — **Sèvres.** Deux médaillons biscuit dur, offrant les portraits de Guillaume d'Orange et de Condé.

93 — **Sèvres.** Assiette, décorée de trois bandes bleues entre lesquelles un semis de roses et de pensées est jeté.

94 — **Chantilly.** Assiette, dont le fond est entièrement décoré de fleurs et de feuillages polychromes.

95 — **Chantilly.** Dessous de sucrier, à décor de fleurs polychromes.

96 — **Chantilly**, Deux soucoupes, décor coréen.

97 — **Mennecy.** Tasse et sa soucoupe, décor de fleurs polychromes.

98 — **Mennecy.** Tasse et sa soucoupe, décor analogue.

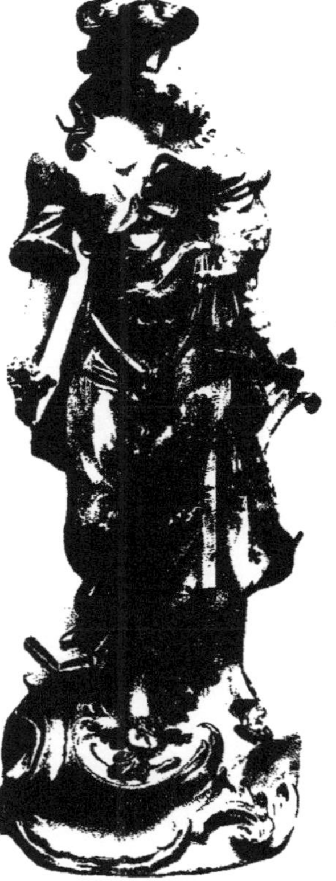

104 — 45 — 104

2150

1835

HÉLIO LÉON MAROTTE

99 — **Saxe.** Assiette, présentant au marli quatre réserves décorées d'oiseaux polychromes et au centre de fleurettes.

100 — **Saxe.** Huilier, décoré d'oiseaux et de guirlandes de fleurs polychromes.

101 — **Saxe.** Soupière, décorée de fleurs en relief polychromes. Les anses sont formées de têtes de femme.

102 — **Saxe.** Statuette d'amour casqué, portant de la main droite un bâton et de la main gauche une lettre.

103 — **Saxe.** Statuette d'amour, vêtu d'un mantelet et se cachant derrière un éventail.

104 — **Saxe.** Deux grandes statuettes de berger et bergère. Le berger flatte son chien de la main droite et fouille de la main gauche dans une besace qui contient des aliments. La bergère tient une fleur de la main droite et presse contre elle un agneau qu'elle tient dans le bras gauche.

Haut., 30 cent.

105 — **Louisbourg.** Amour jouant du cor de chasse.

106 — **Frankenthal.** Petite statuette de femme dansant.

107 — **Frankenthal.** Théière, à décor de fleurs polychromes, marqué : *P. Z. Marque de Wachenfeld.*

OBJETS DIVERS

108 — Deux petits flambeaux, formés de vases à têtes de bélier en bronze ciselé et doré, d'où s'échappent des tiges supportant des roses également ciselées et dorées. Deux de ces roses portent des binets. Bases en marbre blanc. Époque Louis XVI.

109 — Cartel en bronze doré et ciselé, à guirlandes, vase et banderoles. Époque Louis XVI.

110 — Deux appliques en bronze ciselé et doré. Style Louis XV.

111 — Fusil, orné de plaques d'argent ouvragé et de fer damasquiné. Époque Louis XV.

112 — Fusil. Époque Empire.

113 — Cadre en bois doré. Époque Louis XV.

114 — Pendule Louis XVI en bronze ciselé et doré et marbre blanc, présentant l'Amour offrant à Vénus une coupe où celle-ci presse une grappe de raisin.

MEUBLES

115 — Table à la Tronchin en acajou, ornée de bronzes. Époque Louis XVI.

116 — Meuble demi-lune à hauteur d'appui, fermant à deux rideaux, en marqueterie de bois. Dessus de marbre gris. Époque Louis XVI.

117 — Commode en bois de rose, à cinq tiroirs. Dessus en marbre gris.

118 — Toilette d'homme en acajou, à trois rangs de tiroirs surmontés de colonnettes supportant un marbre bleu turquin. Tirette à miroir. Entrées et sabots en bronze. Epoque Louis XVI.

119 — Bureau à cylindre en acajou, tirettes sur les côtés, pieds cannelés. Tablette en marbre blanc et galerie de cuivre. Époque Louis XVI.

120 — Écran en bois sculpté et sa feuille en tapisserie au point ; personnages et animaux. Époque Louis XV.

121 — Commode en bois de rose, à deux rangs de tiroirs, sur pieds cambrés. Entrées, chutes et sabots en bronze. Dessus de marbre gris. Époque Louis XV.

122 — Deux petites chaises d'enfant en bois peint en gris, pieds cannelés, recouvertes en soie cerise alternée de bandes de fine tapisserie ancienne. Époque Louis XVI.

123 — Petite table à ouvrage, de forme galbée, en bois de rose et marqueterie à fleurs, à trois tiroirs. Pieds cambrés. Dessus de marbre brèche. Entrée et sabots en bronze. Époque Louis XV.

124 — Deux fauteuils et deux chaises en bois sculpté, à pieds cannelés. Dossiers ovales surmontés d'un nœud de ruban. Époque Louis XVI.

125 — Grand et beau meuble, de *Sormani*, en marqueterie de cuivre et d'écaille, orné de bronzes dorés. Dessus de marbre. Style Louis XIV.

126 — Petit bonheur-du-jour en acajou, à colonnettes et à fond de miroir. Époque Louis XVI.

ÉTOFFES ANCIENNES

127 — Bande de brocatelle jaune à arabesques et personnages. xviie siècle.

128 — Manteau de satin fond crème, couvert de broderies au cordonnet. Fin du xvie siècle.

(*A figuré à une exposition des Arts Décoratifs.*)

129 — Jupe de taffetas changeant, broché de bouquets de fleurs. Époque Louis XV.

130 — Dos de dalmatique, représentant des personnages religieux. Orfroi. xviie siècle.

131 — Bandeau de satin vert d'eau, broché de soie d'argent. xviie siècle.

132 — Bande d'orfroi. xviie siècle.

133 — Tapis de satin broché de feuillages, de fruits et lamé d'or. xviie siècle.

134 — Bande rouge brodée au point de chaînette. xviie siècle.

135 — Dessus de lit à fond jaune, à larges dessins bleus. xviie siècle.

136 — Dessus de lit, tissu damassé vert d'eau et jaune, à dessin de fleurettes symétriques. xvie siècle.

137 — Lot de broderies Louis XIII : personnages et fleurs.

138 — Deux bandeaux en velours, soie et broderies Renaissance.

139 — Lot de galons, de franges et de cordelières.

140 — Bandeau de cheminée velours et broderies. Fin du XVIe siècle.

141 — Deux bandes étroites de taffetas brodé du XVIIe siècle et un empiècement de corsage en drap d'argent.

142 — Dalmatique en brocart à fond rose. Époque Louis XIV.

143 — Deux paires de rideaux en soie brochée.

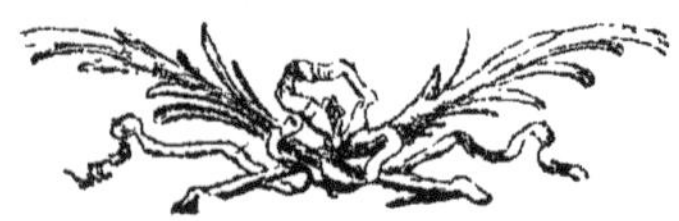

www.ingramcontent.com/pod-product-compliance
Ingram Content Group UK Ltd.
Pitfield, Milton Keynes, MK11 3LW, UK
UKHW020533180726
13839UKWH00005B/2494